BEI GRIN MACHT SICH IHR WISSEN BEZAHLT

AF136341

- Wir veröffentlichen Ihre Hausarbeit,
  Bachelor- und Masterarbeit

- Ihr eigenes eBook und Buch -
  weltweit in allen wichtigen Shops

- Verdienen Sie an jedem Verkauf

Jetzt bei www.GRIN.com hochladen und kostenlos publizieren

Bibliografische Information der Deutschen Nationalbibliothek:

Die Deutsche Bibliothek verzeichnet diese Publikation in der Deutschen National-bibliografie; detaillierte bibliografische Daten sind im Internet über http://dnb.d-nb.de/ abrufbar.

Impressum:

Copyright © 2020 GRIN Verlag
Druck und Bindung: Books on Demand GmbH, Norderstedt Germany
ISBN: 9783346231116

Dieses Buch bei GRIN:

https://www.grin.com/document/900839

Hannes Stecher

Krafttraining-Trainingsplanung für eine Testperson ohne körperliche Beschwerden

Trainingslehre 1

GRIN Verlag

GRIN - Your knowledge has value

Der GRIN Verlag publiziert seit 1998 wissenschaftliche Arbeiten von Studenten, Hochschullehrern und anderen Akademikern als eBook und gedrucktes Buch. Die Verlagswebsite www.grin.com ist die ideale Plattform zur Veröffentlichung von Hausarbeiten, Abschlussarbeiten, wissenschaftlichen Aufsätzen, Dissertationen und Fachbüchern.

Besuchen Sie uns im Internet:

http://www.grin.com/

http://www.facebook.com/grincom

http://www.twitter.com/grin_com

Deutsche Hochschule für
Prävention und Gesundheitsmanagement
Hermann Neuberger Sportschule 3
66123 Saarbrücken

Einsendeaufgabe

Fachmodul:	Trainingslehre I
Studiengang:	Fitnessökonomie
Datum Präsenzphase:	27.04.2020 – 30.04.2020
Matrikelnummer:	
Name, Vorname:	Stecher, Hannes
Studienort:	**Stuttgart**
Semester:	**WS 19/20, 1./2. Semester**

Inhaltsverzeichnis

1 Diagnose

Für die optimale Trainingssteuerung ist eine sorgfältige Diagnose notwendig. In einem Eingangsgespräch wurden daher notwendige und relevante Daten gesammelt, sowie genaue Informationen zum Ist-Zustand der Testperson erhoben, um in den nächsten Schritten der Trainingssteuerung einen klar definierten Soll-Zustand anzustreben und den Erfolg des Trainings überprüfbar zu machen.

1.1 Allgemeine und biometrische Daten

Die folgenden allgemeinen und biometrischen Daten wurden im Zuge des Eingangsgesprächs erhoben:

Tab. 1 Allgemeine Daten

Allgemeine Daten	
Alter (Jahre)	21
Geschlecht	Männlich
Körpergröße (cm)	188
Trainingsmotive	Körperformung, Kraftsteigerung
Berufliche Tätigkeit	Industriekaufmann, sitzende Tätigkeit
Zeitlicher Verfügungsrahmen	3x wöchentlich nach der Arbeit; je 1,5h
Aktuelle sportliche Aktivitäten	Seit grob 9 Monaten, 3x wöchentliches Krafttraining ohne genaue Planung, nutzen angeleiteter Workouts auf YouTube
Frühere sportliche Aktivitäten	Schulsport

Tab. 2 Biometrische Daten

Biometrische Daten	
Blutdruck	Systolisch: 125 mmHg
	Diastolisch: 86 mmHg
Medikation	keine
Ärztliche Behandlung	keine
Internistische/orthopädische Beschwerden	keine
Körpergewicht (kg)	85,5
Body-Mass-Index	24
Körperfettanteil (%)	18
Skelettmuskelmasse (kg)	40,1

Das Körpergewicht, der Körperfettanteil und die Skelettmuskelmasse wurde mit dem Körperanalysegerät Inbody 570, nach standardisierter Methode, gemessen. Der Body-Mass-Index liegt im Bereich des Normalgewichts (WHO, 1998).

Der Blutdruck wurde per RR-Methode nach geltenden Standards auskultiert, wobei die Blutdruckwerte von 125/86 mmHg im Bereich der Normotonie liegen (siehe Tab.3).

Tab. 3 Blutdruckklassifikation der European Society of Hypertension (modifiziert nach Mancia et al., 2013, S. 1286)

	Systolisch	Diastolisch
Optimal	< 120	< 80
Normal	< 130	< 90
Hochnormal	130-139	85-89
Hypertonie Grad 1	140-159	90-99
Hypertonie Grad 2	160-179	100-109
Hypertonie Grad 3	>= 180	>= 110

Es liegen keine internistische, orthopädische oder kardiovaskuläre Risikofaktoren vor. Zusammenfassend lassen die erhobenen und erfassten Daten die volle Belastbarkeit der Testperson im Krafttraining zu.

1.2 Krafttestung

Die exakte Intensitätsbestimmung ist von elementarer Bedeutung für eine zielgerichtete Trainingsplanung. Für die Testperson wurde ein deduktiver Ansatz zum Ermitteln der Trainingsintensität nach der Individuellen-Leistungsbild-Methode (Strack & Eifler, 2005) gewählt. Die Testperson ist im Vollbesitz ihrer physischen Gesundheit und hat keine körperlichen Beschwerden, was auf volle Belastbarkeit schließen lässt. Wie oben dargestellt hat Sie bereits 9 Monate ungerichtete Erfahrung im Krafttraining, hat ein grundlegendes Verständnis für das Krafttraining und wird daher anhand des Grobrasters zur Trainingsplanung nach der ILB-Methode nach Strack & Eifler (2005, S. 153) (vgl. Tab 5) der „Geübten" Leistungsstufe zugeordnet.

Als Grundlage des ILB-Tests dienten die ausgewählten Übungen und die angestrebte Wiederholungzahl des Mesozyklus 1. Der 20-RM-Test wurde standardisiert durchgeführt (Eifler, 2000). Zunächst erfolgte ein allgemeines Aufwärmen auf dem Crosstrainer bei einer Herzfrequenz von 120 Schlägen pro Minute, gefolgt von einem speziellen Aufwärmen am jeweiligen Gerät, mit je halber Gewichtslast des ersten Testsatzes. Die Reihenfolge der getesteten Geräte war identisch mit jener im Mesozyklus 1. Die 20 Wiederholungen wurden mit maximaler Intensität ausgeführt. Dabei wurde zunächst ein erstes Testgewicht, nach Einschätzung des Leistungsvermögens, durch den Trainer festgelegt. Dieses Testgewicht wurde bei zu geringer Intensität (deutlich mehr als 20 Wiederholungen möglich) nach oben, oder bei zu hoher Intensität (inkorrekte Technik bei der Übungsausführung oder bei konzentrisches Muskelversagen) nach unten korrigiert. Es wurden maximal 3 Testsätze nach diesem Trial-and-Error-Prinzip durchgeführt und jeweils 3 Minuten Pause zwischen den Testsätzen eingelegt. Die X-RM-Testung erfolgt erneut vor jedem neu beginnenden Mesozyklus mit der jeweils im neuen Mesozyklus angedachten Wiederholungzahl. Damit werden die Genauigkeit und Effektivität des Trainingsplans gewährleistet.

Tab. 4 Testendergebnisse und Testsätze zu den Übungen des Mesozyklus I

Übung	Wiederho-lungen	Testsatz 1	Testsatz 2	Testsatz 3	Testender-gebnis ILB-max
Beinpresse horizontal	20	80 kg	85 kg	90 kg	90 kg
Kreuzheben	20	35 kg	40 kg	-	40 kg
Brustpresse vertikal am Gerät	20	30 kg	35 kg	-	35 kg
Armstrecken am Seilzug (Pronation)	20	10 kg	12,5 kg	15 kg	15 kg
Crunch am Gerät	20	30 kg	35 kg	40 kg	40 kg
Rudern sitzend am Kabelzug	20	25 kg	30 kg	-	30 kg
Rückenextension am Gerät	20	20 kg	25 kg	30 kg	30 kg
Latzug vertikal zum Nacken	20	35 kg	40 kg	45 kg	45 kg
Armbeugen am Seilzug (Supination)	20	15 kg	17,5 kg	20 kg	20 kg

Anhand der ermittelten ILB-Maxima erfolgt die Bestimmung der Trainingsintensität in % des jeweils realisierbaren ILBmax. Im Einzelnen wird die Trainingsintensität am Grobraster zur Trainingsplanung nach der ILB-Methode (siehe Tab. 5) orientiert. Auch nach längerer Trainingszeit kann somit der Belastungsparameter Trainingsintensität am aktuellen Leistungsstand und der Trainingserfahrung der Testperson entsprechend individuell abgeleitet werden.

Ein interindividueller Leistungsvergleich anhand der Testendergebnisse aus dem 20-RM-Test ist nicht möglich. Wie Tittel & Wutscherk (1994) anführen ist die Maximalkraft als Basisfähigkeit von zu vielen und nicht standardisierbaren Einflussfaktoren abhängig. Es können keine allgemeingültige Normwerte für einzelne Kraftübungen festgelegt werden und somit kann kein Norm- und Referenzwertvergleich stattfinden.

Ein intraindividueller Leistungsvergleich ist dahingegen bei der hier nach Eifler (2000) beschriebenen, ausreichend hohen Standardisierung des Testablaufes durchaus möglich. Wird zu einem späteren Zeitpunkt und im fortgeschrittenen Trainingsstadium erneut ein

20-RM-Test an den gleichen Geräten, in gleicher Reihenfolge und standardisiertem Test-
ablauf durchgeführt, kann die Leistungssteigerung (% des ILBmax) ermittelt werden.

Für die Testperson, die (siehe Tab.1) besonderen Wert auf Kraftsteigerung und Körperformung legt, ist die Trainingsplanung nach der Individuellen-Leistungsbild-Methode
sehr gut geeignet. So wird einerseits der Erfolg in puncto Kraftsteigerung exakt messbar
gemacht und andererseits Fettreduktion und Muskelaufbau planbar sein. Dies hat positi-
ven Einfluss auf die momentane und zukünftige Motivation des Trainierenden.

**Tab. 5 Grobraster zur Trainingsplanung nach der ILB-Methode (modifiziert nach Strack & Eif-
ler, 2005, S. 153)**

Leistungsstufe	Zeitstufe (Monate)	Orga.form	Einhei-ten/ Woche	Übungen/ Muskelgruppe	Sätze/ Übung	Intensität (%X-RM*)
Orientierungs-stufe	0-1,5	GK	2	1-2	1-2	gering
Beginner	1,5-6	GK	2	1-2	1-2	50-70
Geübte	6-12	GK	2-3	1-2	2	60-80
Fort-geschrittene	>12	GK/ Split	3-4	1-3	2-3	70-90
Leistungs-trainie-rende	>36	GK/ Split	3-6	1-4	2-4	80-100

GK= Ganzkörpertraining; Split= Split Training

*Wiederholungszahl basierend auf Trainingsziel

2 Zielsetzung/Prognose

Die konkreten Ziele des Trainierenden ergeben sich primär aus dessen Trainingsmotiven. Die Ziele wurden vor Beginn des Trainings klar definiert (siehe Tab. 6). Dabei wurden Inhalt, Ausmaß und zeitliche Dimension der drei Hauptziele schriftlich festgehalten und dienen damit als Orientierungshilfe für die Trainingsplanung und Motivation für den Trainierenden.

Tab. 6 Ziele als Resultate der Interpretation und Bewertung der Diagnosedaten

	Inhalt	Ausmaß	Zeit
Ziel 1	Senken relativer Körperfettanteil	3%	2 Monate
Ziel 2	Muskelaufbau	+4kg	4 Monate
Ziel 3	Kraftsteigerung	+15% ILBmax	6 Monate

Bei der Zieldefinition wurde neben den drei genannten Kriterien (Inhalt, Ausmaß, Zeit) das Augenmerk noch auf 2 weiteren Kriterien gelegt. Nach G. T. Doran (1981, S. 35-36) muss ein Ziel zudem realistisch und gleichzeitig attraktiv sein. In diesem Spannungsfeld des realistisch und zugleich attraktiven liegen auch die hier formulierten Ziele.

Die Testperson machte im Eingangsgespräch deutlich, dass ihr zunächst ein schneller Erfolg im Bereich der Körperformung wichtig ist. Daher wird als erstes, kurzfristiges und realistisches Ziel eine Senkung des Körperfettanteils um 3% in den ersten 2 Monaten angestrebt (Misner, Boileau, Massey & Mayhew, 1974) und somit der erste attraktive Motivationsfaktor geschaffen. Als 2. Ziel wird der Aufbau von 4 kg Skelettmuskelmasse in 4 Monaten festgelegt. Durch die Erkenntnisse von Misner et al. (1974) kann auch dieser Wert als realistisch eingeschätzt werden. Der Muskelaufbau unterstützt die Testperson zum einen, das gefallene Gewicht leichter halten zu können (Schoeller, 2003), zum anderen bedeutet mehr Skelettmuskelmasse nach Zatsiorsky (1996) auch eine höhere Kraftleistung. Die Kraft soll nach 6 Monaten Training im Re-Test um 15% des bisherigen ILBmax gesteigert werden. Somit zahlt das zweite Ziel gleichermaßen darauf ein, das 3. Ziel zu erreichen. Die Taktung von jeweils einem Ziel für die nächsten 2 Monate erleichtert die Orientierung des Kunden und ist, mit dem schnellen Wunsch nach Körperfettreduktion (2 Monate) und dem weiter gegriffenen Ziel der Kraftsteigerung (6 Monate) über den Zwischenschritt des Muskelaufbaus (4 Monate), in sich schlüssig und motivierend.

Es besteht weiter die Möglichkeit die Werte jederzeit zu testen, um den Fortschritt zu überprüfen und so den Erfolg des Trainierenden zu garantieren.

3 Trainingsplanung Makrozyklus

Tab. 7 Makrozyklus

Makrozyklus							
Gesamtzeit 6 Monate	Mesozyklus 1	K R	Mesozyklus 2	K R	Mesozyklus 3	K R	Mesozyk-lus 4
Zyklusdauer	6 Wochen	A	6 Wochen	A	8 Wochen	A	4 Wochen
Trainingsziel	Kraftaus-dauer	F T T	Muskelaufbau (extensiv)	F T T	Muskelaufbau (intensiv)	F T T	Maximal-kraft (intensiv)
Organisations-form	GK/Station	E S	GK/Station	E S	GK/Station	E S	GK/Station
Einheiten / Woche	3	T U	3	T U	3	T U	3
Übungen / Muskelgruppe	1-2	N G	1-2	N G	1-2	N G	1-2
Sätze pro Übung	2-3		2-3		2-3		2-3
Wiederholun-gen	20		12		8		3
Bewegungs-tempo (Sekun-den)	2-0-2 kontinuierlich		2-0-2 kontinuierlich		2-0-2 kontinuierlich		Maximal explosiv
Satzpausen	60		90		90		180
Intensität	60-80% ILB-max		60-80% ILB-max		60-80% ILB-max		60-80% ILBmax

Wie bereits geschildert (vgl. 1.2) wurde mit der ILB-Methode ein deduktiver Ansatz für die Trainingsplanung gewählt. Die Trainingsplanung orientiert sich also sehr stark an der aktuellen, individuellen Belastbarkeit des Trainierenden und dessen Trainingserfahrung, wodurch Über- und Unterforderung vermieden wird. Dies ist von großer Bedeutung, da „sich die Funktionssysteme dann positiv verändern und zur Leistungssteigerung beitragen, wenn sie optimal belastet und beansprucht werden." (Schnabel, Harre & Krug, 2014, S. 235). Gesundheitlich ist die Testperson voll belastbar (siehe 1.1) und kann das Training unter optimalen Voraussetzungen durchführen. Die Testperson wird aufgrund ihrer ungerichteten Trainingserfahrung von 9 Monaten, anhand dem Grobraster zur Trainingsplanung (siehe Tab. 5), der Leistungsstufe „Geübte" zugeordnet. Daraus ergeben sich die Trainingsintensitäten, die sich vor jedem neuen Mesozyklus am aktuellen Leistungsstand, durch X-RM Testung, ableiten lassen. Der zeitliche Verfügungsrahmen lässt 3 Trainings-einheiten pro Woche zu, was aufgrund der Erkenntnisse von Fröhlich und Schmidtblei-cher (2008) sehr gute zeitliche Trainingsbedingungen sind. Sie stellten im Zuge einer Metaanalyse heraus, dass sich 3 Trainingseinheiten pro Woche als äußerst effektiv und zielführend für das Krafttraining erwiesen haben. Als Organisationsform wird ein Ganz-körpertraining gewählt, da somit pro Woche 3 Trainingsreize pro Muskelgruppe gesetzt werden können, was sich auch aufgrund des Regenerationsverhaltens der biologischen Funktionssysteme (Bishop, Jones & Woods, 2008), als optimale Belastungshäufigkeit er-wiesen hat. Des Weiteren deckt sich dies mit den Empfehlungen für einen geübten Trai-nierenden nach Strack & Eifler (2005, S. 153). Um eine optimale Muskelermüdung zu gewährleisten wird ein Mehrsatz-Stationstraining einem Zirkeltraining vorgezogen. Durch das Variieren weiterer Belastungsparameter wird das Erreichen der individuellen Ziele der Testperson gesichert. Nach Buskies & Boeckh-Behrens (2009) wird die Test-person als Fortgeschrittene eingestuft und führt aufgrund weiterführender Empfehlungen für das angestrebte Kraftausdauertraining und das Hypertrophietraining 1-2 Übungen pro Muskelgruppe mit 2-3 Sätzen pro Übung aus.

In der Makrozyklus Planung wurde eine klassische lineare Periodisierung gewählt, cha-rakteristisch hier ist die Intensitätssteigerung und die Abnahme der Wiederholungszahlen. Zu Beginn wird 6 Wochen ein umfangorientiertes Kraftausdauertraining mit hoher Wie-derholungszahl durchgeführt. Die Testperson kann sich während dieser Zeit optimal an die Bewegungsabläufe des Gerätetrainings gewöhnen und wird gleichzeitig erste mess-bare Erfolge beim Senken des Körperfettanteils (vgl. Tab. 6, Ziel 1) einleiten können. Die folgenden Mesozyklen sind intensitätsorientiert und haben das Ziel des Muskelaufbaus (vgl. Tab. 6, Ziel 2) und damit einhergehend nach 6 Monaten die Steigerung des ILBmax um 15% der ersten Krafttestung (vgl. Tab. 6 Ziel 3). Auf das in Mesozyklus 2 durchge-führte extensive Hypertrophietraining mit 12 Wiederholungen pro Satz folgt ein intensi-ves Hypertrophietraining mit 8 Wiederholungen pro Satz in Mesozyklus 3. Der Abschluss des Makrozyklus bildet ein 4-wöchiges, intensives Maximalkrafttraining bei 3 Wieder-holungen pro Satz und mit maximal explosivem Krafteinsatz. Durch diese Periodisierung wird gewährleistet, dass jedes Ziel des Trainierenden in der gegebenen Zeit realisiert wer-den kann.

4 Trainingsplanung Mesozyklus

Nach Schmidtbleicher (1987, S. 370) sind zur Beurteilung der Gesamtbelastung des Trainierenden alle quantifizierbaren Belastungsnormativa zu protokollieren. Ein übersichtliches Darstellen und Erheben dieser Belastungsnormativa erfolgt in der Planung der Mesozyklen.

Tab. 8 Mesozyklus 1

Mesozyklus 1					
Zyklusdauer: 6 Wochen		Trainingsziel: Kraftausdauer		Organisationsform: GK/Station	
Übungen/Muskelgruppe: 1-2		Einheiten /Woche: 3		Intensität: 60-80% ILBmax	
Allg. Aufwärmen: 5 Minuten Crosstrainer bei 120 Herzschlägen pro Minute					
Übung	Wiederholungen	Sätze	Satzpausen	Bewegungstempo	
Beinpresse horizontal	20	3	60 Sek	2-0-2 kontinuierlich	
Kreuzheben	20	3	60 Sek	2-0-2 kontinuierlich	
Langhantel Bankdrücken	20	3	60 Sek	2-0-2 kontinuierlich	
Rudern sitzend am Gerät	20	2	60 Sek	2-0-2 kontinuierlich	
Latzug vertikal zum Nacken	20	3	60 Sek	2-0-2 kontinuierlich	
Armstrecken am Seilzug (enger Obergriff)	20	2	60 Sek	2-0-2 kontinuierlich	
Crunch am Gerät	20	3	60 Sek	2-0-2 kontinuierlich	
Armbeugen am Seilzug (schulterbreiter Untergriff)	20	2	60 Sek	2-0-2 kontinuierlich	

GK= Ganzkörpertraining; Split= Split Training

Detailbetrachtung Mesozyklus 1: Der erste Mesozyklus verfolgt das Trainingsziel der Kraftausdauer und wird 6 Wochen lang, 3x wöchentlich durchgeführt. Das Ziel des ersten Mesozyklus ist es optimale Voraussetzungen für das spätere Hypertrophie- und Maximal-krafttraining zu schaffen und die Grundlage zum Erreichen des ersten Ziels (relativer Körperfettanteil -3% nach 2 Monaten) zu legen. Das Kraftausdauertraining erhöht zum einen die Stoffwechselaktivität im Sehnen- und Bandapparat, um so, einhergehend mit der verbesserten Kapillarisierung der Muskulatur, Verletzungen vorbeugen. Zum anderen wird die anaerobe Kapazität stark verbessert (Güllich & Schmidtbleicher, 1999, S. 232), welche elementar wichtig für den dauerhaften Erfolg im Krafttraining ist. Es werden 8 Übungen mit 2-3 Sätzen zu 20 Wiederholungen und 60 Sekunden Pause durchgeführt. Um im Optimalbereich der anaeroben Glykolyse zu liegen wird ein Bewegungstempo von 2-0-2 Sekunden kontinuierlicher Bewegungsausführung gewählt. Da sich, wie oben angeführt 3 Muskelreize pro Woche als optimal herausgestellt haben (Fröhlich & Schmidtbleicher, 2008) wurde die Trainingsform Ganzkörper-Stationstraining gewählt wobei jede Muskelgruppe mit 1-2 Übungen trainiert wird. Die Intensität liegt hierbei bei 60-80% des ILBmax. Bei den Übungen liegt der Fokus auf den großen Muskelgruppen, wobei eingelenkige Übungen und solche mit geringem Masseanteil den mehrgelenkigen Übungen mit hohem Masseanteil folgen. Denn vor allem durch komplexe Übungen wird eine verstärkte Produktion des anabolen Hormons Testosteron angeregt (Uchida et al., 2009). Des Weiteren hat diese Anordnung zum Sinn, dass hoch koordinative, mehrgelen-kige Übungen vor weniger koordinativ anspruchsvollen, eingelenkigen Übungen durch-geführt werden sollten (Granacher, Kiemler, Gollhofer, & Zahner, 2009, S. 47). Es wur-den verstärkt mehrgelenkige Übungen gewählt, um die koordinative Komponente heraus-zuheben und die Zeiteffektivität des Ganzkörpertrainings zu gewährleisten. Um einer ko-ordinativen Überforderung vorzubeugen wurden nur bei zwei Übungen freie Gewichte gewählt. In späteren Mesozyklen wird der Anteil der Übungen mit freien Gewichten zu-nehmen, da diese „eine hohe funktionelle Relevanz besitzen" (Granacher et al., 2009, S. 47).

Vor der ersten Übung findet, wie auch bei der Krafttestung ein allgemeines Aufwärmen, zum Mobilisieren der physischen und psychischen Leistungsfähigkeit, statt. Als erste Übung wurde die Beinpresse horizontal gewählt. Sie ist eine mehrgelenkige Übung und hat den Vorteil, dass sie unter anderen den vierköpfigen Oberschenkelmuskel, die Ischi-ocrurale Muskulatur und den großen Gesäßmuskel als große Muskelgruppen beansprucht. Sie wurde dem Langhantel Kniebeugen vorgezogen, da somit eine geringere Autostabi-

lisierung nötig ist, welche als Beginner schnell zu Überforderung und Verletzungen füh-
ren kann. Kniebeugen werden in späteren Mesozyklen integriert, wenn erste Trainingserfahrung im Studio gesammelt wurde. Um die stabilisierende Muskulatur der Wirbelsäule,
die Autochthone Rückenmuskulatur, zu integrieren wurde die Übung Kreuzheben mit der
Langhantel gewählt, wobei die Rücken- und Bauchmuskulatur stabilisierend arbeitet. Des
Weiteren werden auch die Beine nochmals mit belastet. Das darauffolgende Langhantel
Bankdrücken bietet ebenfalls alle Vorteile der mehrgelenkigen Übungen mit freien Gewichten und trainiert die Brust-, Armstrecker-, und vordere Schultermuskulatur, welche
zur Stabilisierung des Oberkörpers und in puncto Körperhaltung, auch in Alltagssituatio-
nen, von enormer Relevanz ist. Die Gegenspielermuskulatur zum Bankdrücken (querver-
laufender Trapezmuskel, hintere Schultermuskulatur und Mm. rhomboidei) wird mit der
4. Übung trainiert. Teile der hier aktiven Arbeitsmuskulatur wurde auch schon beim
Kreuzheben beansprucht, weshalb hier in 2 Sätzen trainiert wird, um trainingsbedingten
Fehlhaltungen vorzubeugen. Mit der Übung Latzug vertikal zum Nacken wird primär der
breite Rückenmuskel, der austeigende Anteil des Trapezmuskels, hintere Schultermuskulatur und der zweiköpfige Oberarmmuskel trainiert. Es handelt sich erneut um eine komplexe und mehrgelenkige Übung, zur ganzheitlichen Kräftigung der dorsalen Muskulatur,
sowie den Armbeugern. Aus dem Eingangsgespräch war deutlich zu entnehmen, dass der
Wunsch nach gezielter Kräftigung der Armmuskulatur besteht, daher ist es gängige Praxis
diesem Wunsch aus Gründen der Motivation nachzukommen. Es sind daher unter den
letzten 3 Übungen 2 explizite Isolationsübungen für die Armmuskulatur. Zunächst wird
der dreiköpfige Oberarmmuskel durch Armstrecken am Seilzug mit engem Obergriff beansprucht, während die letzte Übung den zweiköpfigen Oberarmmuskel durch Armbeugen im Untergriff trainiert. Die Übungen werden jeweils am Kabelzug ausgeführt, um
eine konstante Belastung der Muskulatur zu erreichen. Da es sich um Isolationsübungen
zu bereits vorbelasteter Muskulatur handelt wurden 2 Sätze für angemessen erachtet. Zwischen dem Armstrecken und Armbeugen wird die Bauchmuskulatur durch Crunches am
Gerät trainiert. Die trainingsweise am Gerät erhält hier den Vorzug vor klassischen Funk-
tionsgymnastischen Übungen (z.B. Sit-Ups), da hier eine Intensitätssteuerung bei 20 Wiederholungen kaum möglich ist (vgl. Granacher et al., 2009). Funktionsgymnastische
Übungen werden auch in fortlaufenden Mesozyklen, aufgrund der fehlenden Progression
bei konstanter Wiederholungszahl, nicht integriert werden.

Durch den ersten Mesozyklus wird die Testperson optimal auf die 3 nächsten Mesozyklen
vorbereitet und hat somit optimale Voraussetzungen die gesetzten Ziele vollumfänglich
in der geplanten Zeit zu erreichen.

5   Literaturrecherche

Die Literaturrecherche zum Einfluss von Krafttraining bei Osteoporose

Tab. 9 Vorstellung der Studien zu den Effekten von Krafttraining bei arterieller Hypertonie

	Studie 1	Studie 2
Name der Studie	High-Intensity Resistance and Impact Training Improves Bone Mineral Density and Physical Function in Postmenopausal Women With Osteopenia and Osteoporosis: The LIFTMOR Randomized Controlled Trial	The erlangen fitness osteoporosis prevention study: a controlled exercise trial in early postmenopausal women with low bone density—first-year results
Wer hat die Studie durchgeführt?	Steven L. Watson, Benjamin K. Weeks; Lisa J. Weis; Amy T. Harding; Sean A. Horan und Belinda R. Beck	Wolfgang Kemmler, Klaus Engelke, Jürgen Weineck; Johannes Hensen und Willi A. Kalender
Wo wurde die Studie durchgeführt?	An der School of Allied Health Sciences, Griffith University, Gold Coast, Queensland, Australia. Am Menzies-Health-Institute Queensland, Gold Coast, Queensland, Australia	An der Friedrich-Alexander-Universität Erlangen-Nürnberg
In welchem Jahr wurde die Studie publiziert?	2018	2003
Welche Forschungsfrage wurde untersucht?	Der LIFTMOR (Lifting Intervention For Training Muscle and Osteoporosis Rehabilitation) Versuch untersuchte die Effizienz und eventuelle Nebenwirkungen eines hochintensiven Krafttrainings, hinsichtlich der Reduktion von Risikofaktoren für Knochenbrüche bei postmenopausalen Frauen mit geringer Knochenmasse.	Untersucht wurden die Auswirkungen von hochintensivem Krafttraining auf die Knochenmineralisierung. Die Studie zeigt Ergebnisse nach 14 Monaten Forschung.

	Studie 1	Studie 2
Mit welchen Versuchspersonen wurde die Studie durchgeführt?	101 postmenopausale Frauen mit geringer Knochenmasse und Beschwerden wie LWS-Syndrom, kürzlichen Knochenbrüchen, oder weiteren Risikofaktoren bzw. kürzlicher ärztlicher Behandlungen Alle Frauen waren älter als 58 Jahre.	96 früh (1-8 Jahre) postmenopausale Frauen mit Osteopenie (DXA T Wert zwischen -1 und -2,5 an Hüfte oder LWS)
Wie sah der Versuchsaufbau der Studien aus?	Bei allen Probandinnen wurden vor Beginn der Studie ausführliche Körperanalysen durchgeführt, um die Auswirkungen der Intervention messbar zu machen. Jeweils 8 Monate 30-minütiges, 3x wöchentliches Sportprogramm. Eine Gruppe Hochintensives HiRIT Training unter Aufsicht (n=49). Die andere Gruppe Krafttraining mit geringer Intensität (CON) und unbeaufsichtigt zuhause (n=52). Die beaufsichtigte Gruppe führte ihr Training entweder an der Griffith University, Gold Coast, Australien oder der Knochenklinik in Brisbane, Australien, in kleinen Gruppen, durch.	Bei allen Probandinnen wurden vor Beginn der Studie per Röntgen (DXA) Computertomographie (QCT) und Ultraschall die Knochenmineralisierung quantifiziert. Es gab eine Trainingsgruppe, die je 2 beaufsichtigte Trainingseinheiten und 2 unbeaufsichtigte Heimtrainingseinheiten pro Woche, über 14 Monate ausübte (n=59). Zudem wurden bis zu 1500 mg Kalzium und 500 µg Vitamin D pro Tag supplementiert. Die Kontrollgruppe ohne Intervention bestand aus n=41 Frauen.
Welche relevanten Ergebnisse und Schlussfolgerungen lieferte die Studie	Die Studie kommt zum Ergebnis, dass das geführte HiRIT Training dem nicht geführten CON, gerade hinsichtlich der Verbesserung der Knochendichte und weiterer Osteoporose relevanter Kennzahlen, überlegen ist. Nebenwirkungen,	Während die Knochenmineralisierung bei der Kontrollgruppe im Zeitraum abnahm (DXA -1,2%), konnte bei der Interventionsgruppe deutliche Verbesserungen der Knochenmineralisierung (DXA +1,3%) festgestellt werden. Ein hochintensives Krafttraining in Kombination mit ausreichender Mikronährstoff Supplemen-

Studie 1	Studie 2
wie Überlastung oder gar Frakturen wurden nicht festgestellt. Ein hochintensives Krafttraining ist eine Alternative zu Krafttraining mit geringer Intensität hinsichtlich der Osteoporose Therapie bei Frauen.	tation kann einen positiven Einfluss auf die Knochenmineralisierung früh postmenopausaler Frauen haben und weiteren Verlust von Knochenmineralisierung effektiv entgegenwirken.

6 Literaturverzeichnis

Bishop, P. A., Jones, E. & Woods, A. K. (2008). Recovery from resistance training: a brief review. *Journal of Strength and Conditioning Research, 22* (3), 1015–1024.

Buskies, W. & Boeckh-Behrens, W.-U. (2009). *Fitness-Gesundheits-Training. Die besten Übungen und Programme für das ganze Leben* (Bd. 61084). Reinbek bei Hamburg: Rowohlt.

Doran, G. T. (1981) There's a S.M.A.R.T. way to write management's goals and objectives. *Management Review, 70* (11), 35–36

Eifler, C. (2000). *Krafttraining nach der ILB-Methode – Eine empirische Überprüfung der Trainingseffekte bei Anfängern und Fortgeschrittenen.* Diplomarbeit. Universität des Saarlandes, Saarbrücken.

Fröhlich, M. & Schmidtbleicher, D. (2008). Trainingshäufigkeit im Krafttraining – ein metaanalytischer Zugang. *Deutsche Zeitschrift für Sportmedizin, 59* (2), 4–12.

Granacher, U., Kiemler, S., Gollhofer, A. & Zahner, L. (2009). Neuromuskuläre Aus wirkungen von Krafttraining im Kindes- und Jugendalter: Hinweise für die Trainingspraxis. *Deutsche Zeitschrift für Sportmedizin, 60* (2), 41-49.

Güllich, A., Schmidtbleicher, D. (1999). Struktur der Kraftfähigkeiten und ihrer Trainingsmethoden. *Deutsche Zeitschrift für Sportmedizin, 50* (7+8), 223-234.

Kemmler, W., Engelke, K., Weineck, J., Hensen, J. & Kalender, W. A. (2003). The erlangen fitness osteoporosis prevention study: a controlled exercise trial in early postmenopausal women with low bone density—first-year results. *Archives of Physical Medicine and Rehabilitation 84* (5), 673–682

Mancia, G., Fagard, R., Narkiewicz, K., Redòn, J., Zanchetti, A., Böhm, M. et al. (2013). ESH/ESC Guidelines for the management of arterial hypertension. The task force for the management of arterial hypertension of the European Society of Hypertension

(ESH) and of the European Society of Cardiology (ESC). *Journal of hypertension, 31* (7), 1281–1357.

Misner, J. E., Boileau, R. A., Massey, B. H. & Mayhew, J. L. (1974). Alterations in the body composition of adult men during selected physical training. *Journal of the American Geriatrics Society, 22* (1), 33–38.

Schmidtbleicher, D. (1987). Motorische Beanspruchungsform Kraft - Definitionen und Trainierbarkeit. In: Ow, D. von, Hüni, G. H. (Hrsg.): *Muskuläre Rehabilitation*, Erlangen, 62-85.

Schnabel, G., Harre D., Krug J., (2014). *Trainingslehre – Trainingswissenschaft.* (3. Aufl. S.235) Aachen: Meyer & Meyer.

Schoeller, D. A. (2003). But how much physical activity? *American Journal of Clinical Nutrition, 78* (4), 669–670.

Strack, A. & Eifler, C. (2005). The individual lifting performance method (ILP) – a practical method for fitness- and recreational strength training. In J. Gießing, M. Fröhlich & P. Preuss (Hrsg.), *Current results of strength training research. An empirical and theoretical approach* (1. Aufl, S. 153–163). Göttingen: Cuvillier.

Tittel, K. & Wutscherk, H. (1994). Anthropometrische Faktoren. In P. V. Komi (Hrsg.), *Kraft und Schnellkraft im Sport (*S. 183–199). Köln: Deutscher Ärzte-Verlag.

Uchida, M. C., Crewther, B. T., Ugrinowitsch, C., Bacurau, R. F. P., Moriscot, A. S. & Aoki, M. S. (2009). Hormonal responses to different resistance exercise schemes of similar total volume. *Journal of Strength and Conditioning Research, 23* (7), 2003–2008.

Watson, S. L., Weeks, B. K., Weis, L. J., Harding, A. T., Horan, S. A. & Beck, B. R. (2018). High-Intensity Resistance and Impact Training Improves Bone Mineral Density and Physical Function in Postmenopausal Women With Osteopenia and Osteoporosis: The LIFTMOR Randomized Controlled Trial. *Journal of bone and mineral research: the official journal of the American Society for Bone and Mineral Research, 33* (2), 211-220

WHO. (1998). Obesity: Preventing and Managing the Global Epidemic. *Report of a WHO Consultation on Obesity*. Genf, S.9

Zatsiorsky, V. (1996). *Krafttraining – Praxis und Wissenschaft*. Aachen: Meyer & Meyer.

7 Abbildungs- und Tabellenverzeichnis

7.1 Tabellenverzeichnis